2
Koji Murata
Red Apple
Aus dem Japanischen von Jens Ossa

Inhalt

Kapitel 8
Rolliger Rüde
Hah
Hah
DYSTOPIA

DOM
DOM
DOM
DOM
VIP ROOM II
DOM
DOM
DOM
DOM
Hah
BABUM
Hah
BABUM
Hah
BABUM
BABUM

Wow, cooler Raum...
Das Sofa muss ein Vermögen gekostet haben.
Wie hieß er noch? Hikaru?
Oh Mann, der steht ja voll unter Strom.
Hey, Hikaru...
Beruhig dich und hör mir zu...
Pffff
Pffff

Öhm,
Hi...
Hikaru
...?
GRRRRR
GRRRRRRR
HWWWWWW
HWWWWWWW
PUMP
PUMP
PUMP

Äh, Aohara...
War es wirklich okay, für den Jungen ‘ne Ausnahme zu machen?
Auf jeden Fall...
Dieser kleine Kerl...
... wird noch unser bester Gast werden! Vertrau mir!

GRAPSCH
WOB
WOB
WOB
WOB
WOB
WOB
WOB
Hey!
HEFFFFFF
HEFFFFFF

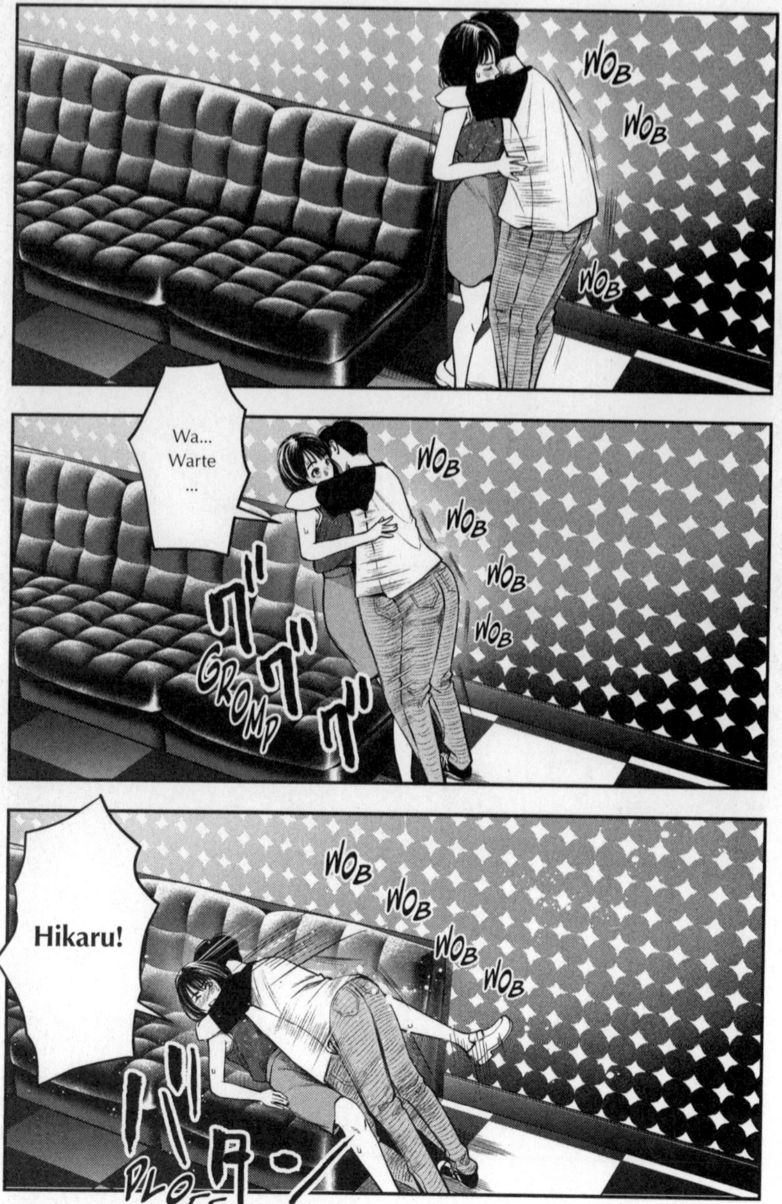
WOB
WOB
WOB
Wa... Warte ...
WOB
WOB
WOB
WOB
GROMP
Hikaru!
WOB
WOB
WOB
WOB
PLOFF

Ruhig!
Hah
WOB
Hah
WOB
Hah
WOB
Hah
Hah
Hikaru!
Hah
WOB
Hah
WOB
WOB
...
Er lässt die Hose an und macht es instinktiv...
Wie ein Hund!
Hah
Oh Mann...

Hikaru!
Stopp!
ZUCK
ビクッ
?
?
GRRRRRRR
DLOP
DLOP

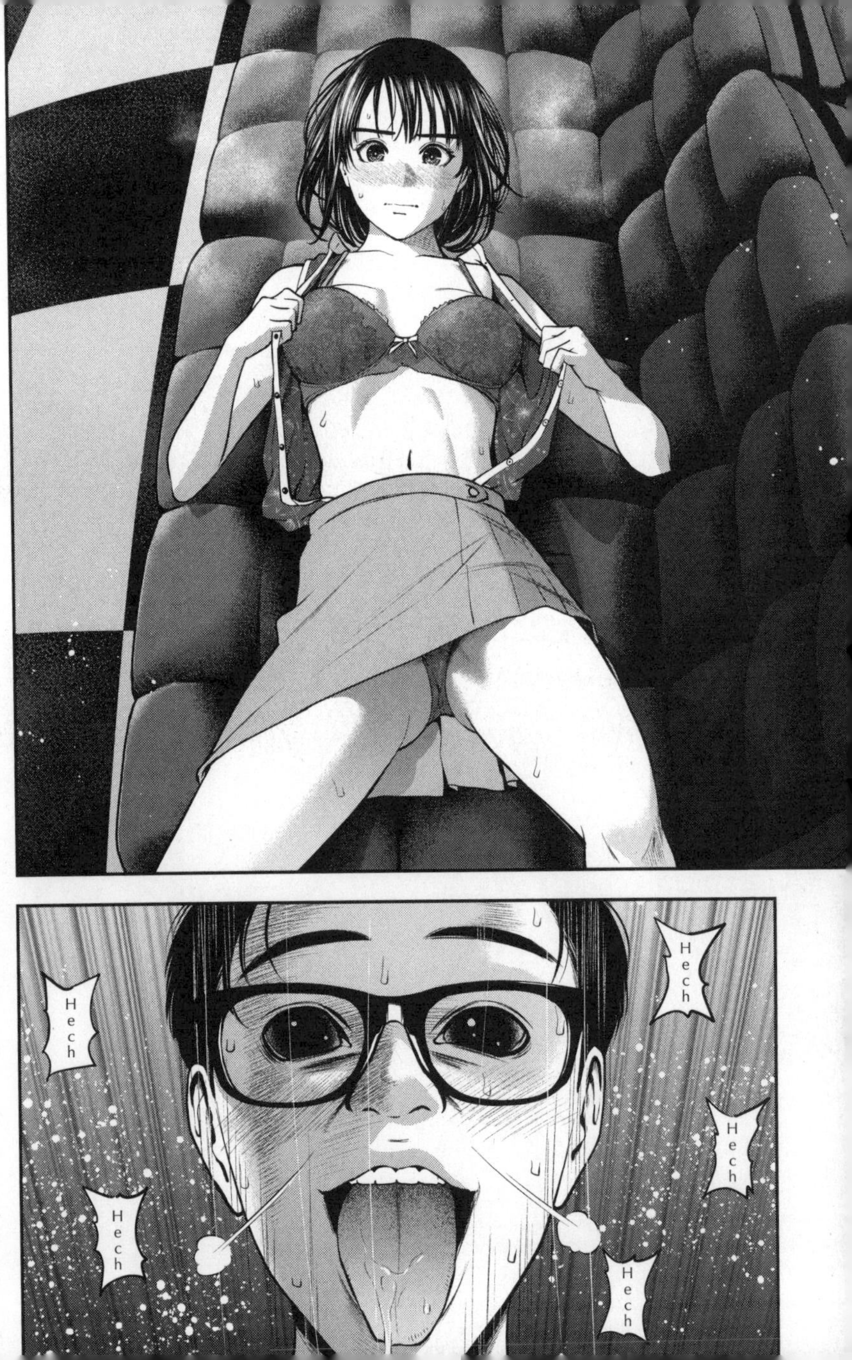
Hech
Hech
Hech
Hech
Hech

SST
Haa
Haa
Haa
Tokyo
Sexkontrollbeamtin
Kanna Ushimoto
ist mit diesem Ausweis im oben genannten Amt bestätigt.
SEX CONTROL OFFICER
Sexkontrolle
FLAP

DFUUUU
Wa... Was...
I...Ich...
... v... versteh nicht...
FLUPP

Sexkontroll-behörde!
Sagt dir das was?
Ich ermittle verdeckt gegen eine Organisation, die in Shibuya Sexklubs betreibt.
Richtig, Papa sprach davon!
Die Sitte ermittelt verdeckt!
I...Ich weiß nicht, wie das passieren konnte, mein Kopf war wie leergefegt!
Wa... Was passiert jetzt?!
Bin ich verhaftet?!
Das war eine versuchte Vergewaltigung.
Darauf steht lebenslänglich...

Doch ich will mal ein Auge zudrücken.
Unter einer Voraussetzung...
... du wirst zu meinem kleinen Hündchen!
Hündchen?!

VIP ROOM
Na?
Habt ihr euch amüsiert?
DYSTOPIA

Es war toll!
Hikarus Schwanz ist sooo klein, richtig niedlich!
ZUCK
Er ist zu benei-den...
MURMEL
Das erste Mal, und dann mit so 'ner Granate...
Da möcht ich auch mal.
MURMEL
Kommt, nehmen wir sie uns.

OPIA

GABB
Heh, lasst mich...!
Was denn? Was denn?
Vorhin konntest du's kaum abwarten.
Genau, da ging's dir gar nicht schnell genug.
Sie steht wohl auf Spielchen.
Schauen wir doch mal!
Jetzt macht sie auf scheu.
Das macht mich nur mehr an.
Hört auf damit!
Urks...
Äh...

KLACK
?

Red Apple

Kapitel 9 Er gehört mir!

ドッ DOM
ドッ DOM
ドッ DOM
ドッ DOM
ドッ DOM
ドッ DOM

Das ist doch...
Yu?!
Was...
Was passiert hier?

Test
Jg. 4, Klasse 2, Yu Minase
100 PUNKTE
① Rose
② ernsthafter Mensch
③ Brutstätte des Bösen
⑥ Maulwurfhügel
⑦ Holzpuppe
Seelenwanderung
In unserem unangekündigten Test hat wieder einmal nur Yu die volle Punktzahl!
オオオオオ
MURMEL
Ich hab immer alles gekonnt...
... und alles gewusst.

Yu, du hast heute ein verirrtes Kind nach Hause gebracht?
Die Eltern haben sich gerade gemeldet.
Besonders wie ich die Erwachsenen erfreuen konnte.
Dabei ging es mir nicht darum, mich beliebt zu machen.
Ich habe getan, was ich tun musste.
Ich wollte mir nur das Leben leichter machen...
Und die Umstände spielten mit.
Was?!
Nur Zweitbester?!
Wenn du an die Todai willst, musst du dir mehr Mühe geben!
...

Haa
Tut mir leid...
Ich werde mich anstrengen...
Aber lass mich bitte rein.
Haa
Armer Hikaru...
...
albjahresprüfung (1. Halbjahr)
Yu Minase
Jg. 4, Klasse 2
gesamt: 500 von 500 Punkten 1. von 320
Japanisch: 100 von 100 Punkten 1. von 320
1. von 320
Halbjahresprüfung
(2. Halbjahr)
Soll ich extra Fehler machen?
3. Löse folgende Gle
① x²-2x-6=
A. x=3
② x²-15=0
A.

Erster, bravo! Ich bin stolz auf dich!
Ganz der Papa und die Mama!
Es machte mir Spaß, seine Reaktionen zu beobachten.
Hallo Hikaru! Wollen wir zusammen lernen?
Ich zeig dir, wie du besser werden kannst.

Klar, gern...
... Zweitbeste!
Idiot! Wenn du wüsstest!
Er hatte keine Ahnung, dass er es nicht aus eigener Kraft geschafft hatte, und das machte mich an.
HE
HE

Hikaru Inuta...
... gehört mir!

Aber Hikaru!
Das ist hier doch kein Klo!
Verzeihen Sie, er hat sich schlecht unter Kontrolle.
TAP
TAP
Macht sich leicht in die Hose, daher ist sein Spitzname auch Scheißerchen.
Nicht wahr, Scheißerchen?
DYSTOPIA
PATSCH

So, und jetzt verbeugen wir uns und entschuldigen uns für die Störung.
...
Gehen wir und suchen dir ein Klo, bevor es zu spät ist.
?!
?!
BLINZ
Sieh an...
Hikarus Freunde Banta Shiba...
... und Nana Suzumoto.

KLACK
Also dann, nichts für ungut, tschau!
BZZZZZZZZZZ
Was war das denn?!
Klo? Wieso Klo?

Was ist?!
Ihnen nach!
O... Okay!
...
TAP
TAP
TAP
TAP
TAP
TAP
TAP
TAP
TAP
?

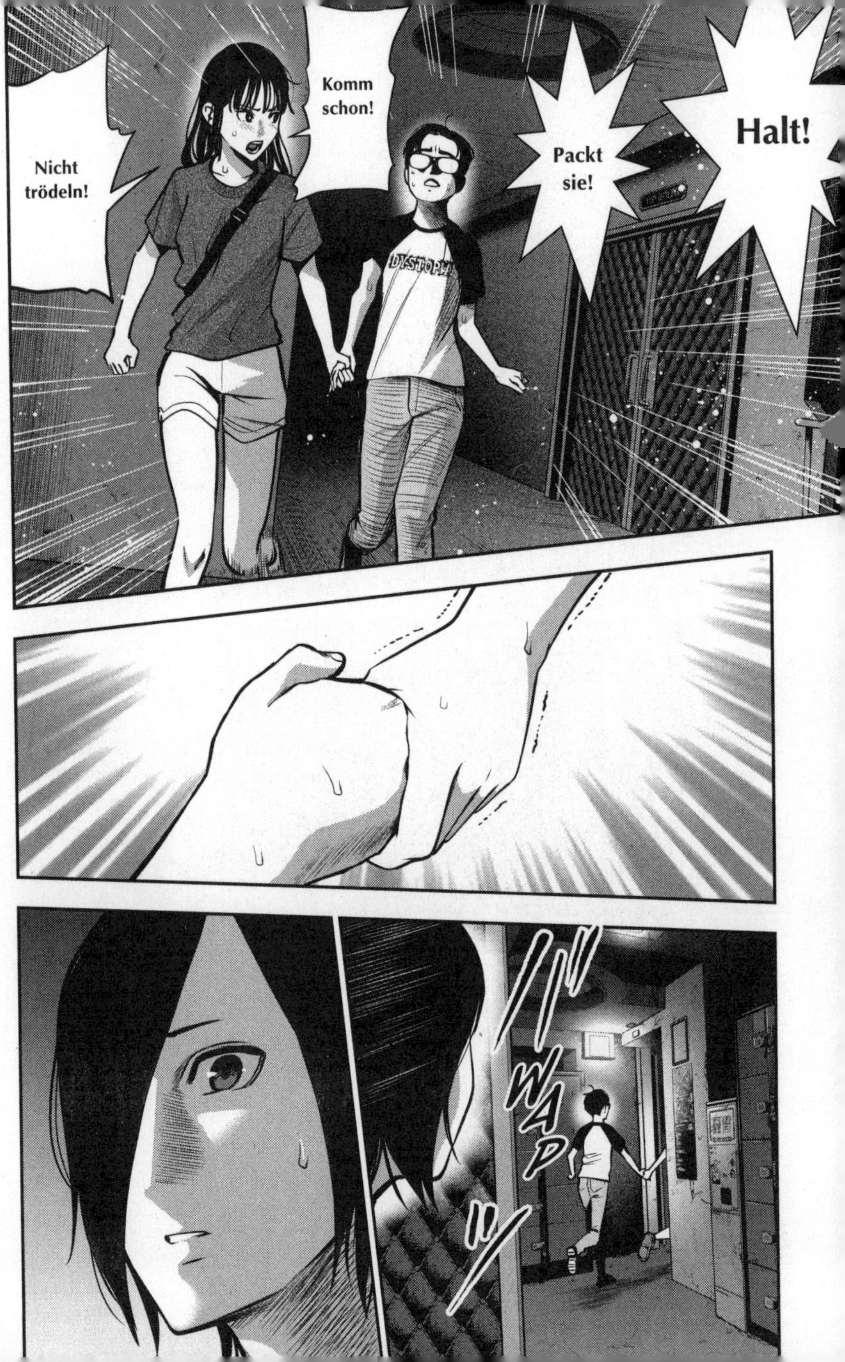
Halt!
Packt sie!
Komm schon!
Nicht trödeln!
WAP

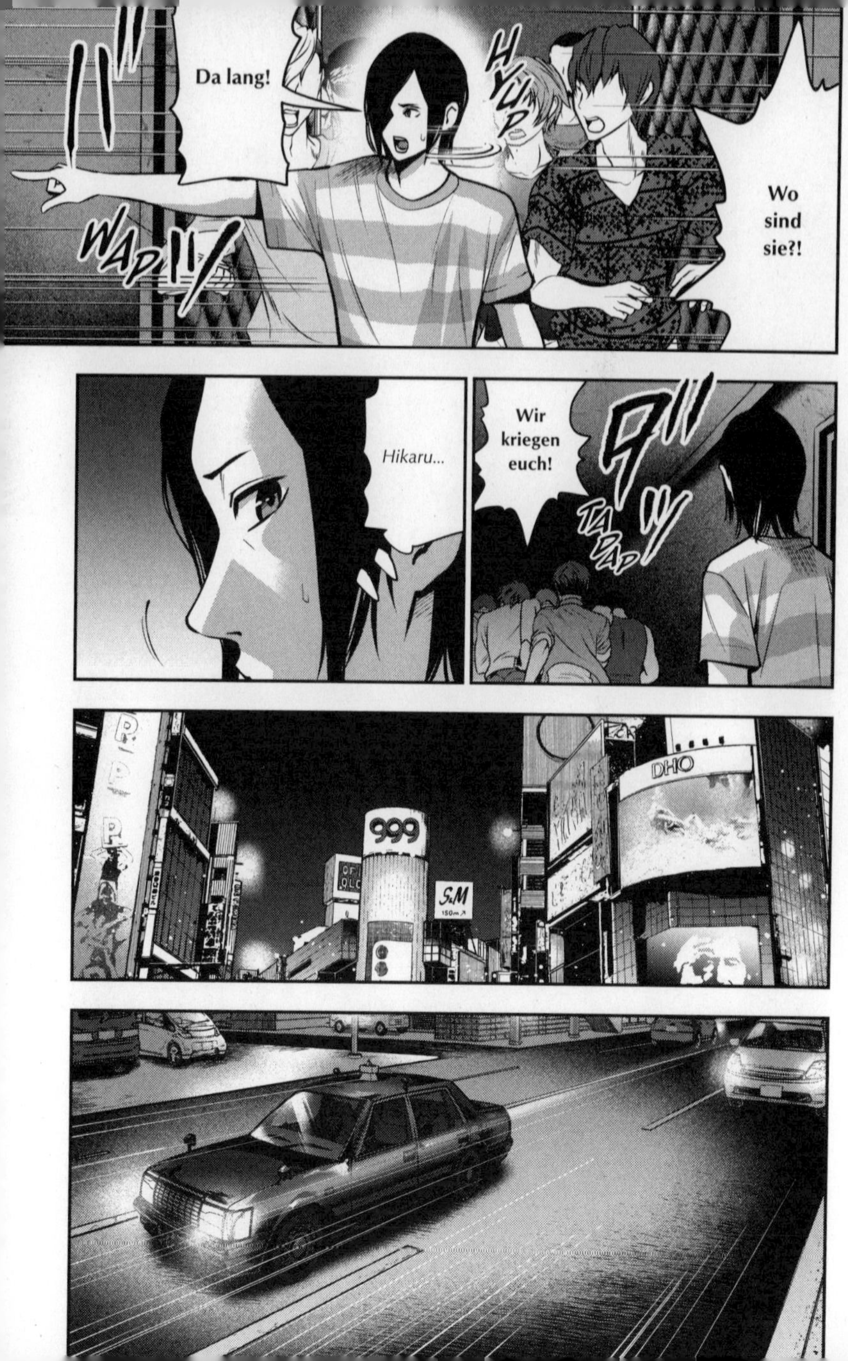

Wo sind sie?!
HYUP
Da lang!
WAP!!
Wir kriegen euch!
Hikaru...
999
S&M
150m
DHO

ブロロ…
WRRR
Hikaru...
Haa
Haa

Haa
Sorry...
Haa
Nix sorry!
Sag mir lieber, was los ist!
Hat Banta dich angestiftet?!
Nein. Um ehrlich zu sein...
Kein Wort darüber! Zu niemandem, klar?!

Ich muss dir gar nichts sagen, Zweit-beste!
YSTOPIA

Du kleines Arschloch!
SCHAUDER
Geh nach Hause, lern oder tu sonst was.
GATSCH
ZUCK

Deine Mutter wird richtig Stress machen.
Hey, lass uns lieber...
... zu mir!

Red Apple

Kapitel 10 Nacht des knurrenden Hundes

入学式
Setz dich...
...

Hikaru Inuta...
...
... in meinem Zimmer!
Hey, lass uns lieber zu mir!
Oh Mann...
Was hat mich da nur geritten?!
...
Haa
...
Haa
Ah, wollen wir fern-sehen?
HYOMP

DIP
DVOP
Hallo!
Alles fit?
Falls ihr gerade durstig seid...
GLUCK GLUCK GLUCK

Hff
Hff
Hff
Mmmmh! Tut das gut! Haaah!
Das neue Mineralwasser von Pure! ♥
DID
DLOD

Ts, der Star der neuen Montags-serie...
Sie ist ständig in der Werbung zu sehen.
Haa
Frag mich, was die an unse-rer Schule sucht.
...
Haa
Aber ist ja auch egal.
Lass uns schlafen, morgen geht's früh raus.
Haa
...
Haa
Ich überleg mir schon mal, was du deiner Ma erzählen könntest.
PIP
Solltest du auch tun.

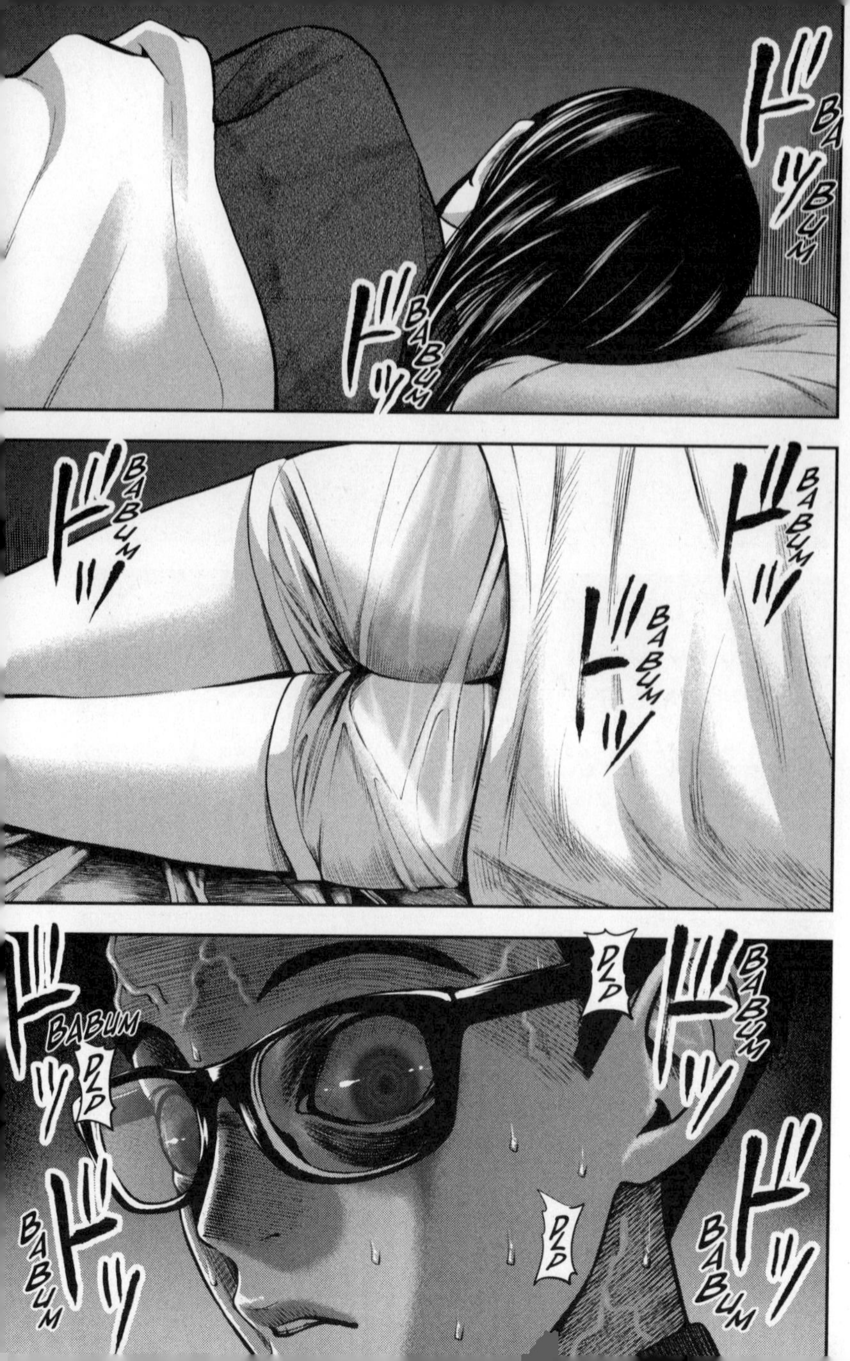
BABUM
BABUM
BABUM
BABUM
BABUM
BABUM
DLD
BABUM
DLD
DLD
BABUM
BABUM

Du schläfst auf dem Boden!
ZUCK
Ha
Äh...
K... Klar...
Ha

Hikaru ist noch immer nicht zu Hause!
HAA
Mit dem Jungen stimmt doch was nicht. Stell dir vor, heut hat er mich gefragt, warum Sex verboten sei!
HAA
Er macht mir Angst!
Er ist alt genug...
Wird bei einem Freund übernachten.
Sollten wir nicht lieber die Polizei anrufen?
HAAA
HAAA
Na, denk doch mal an meine Position.
...

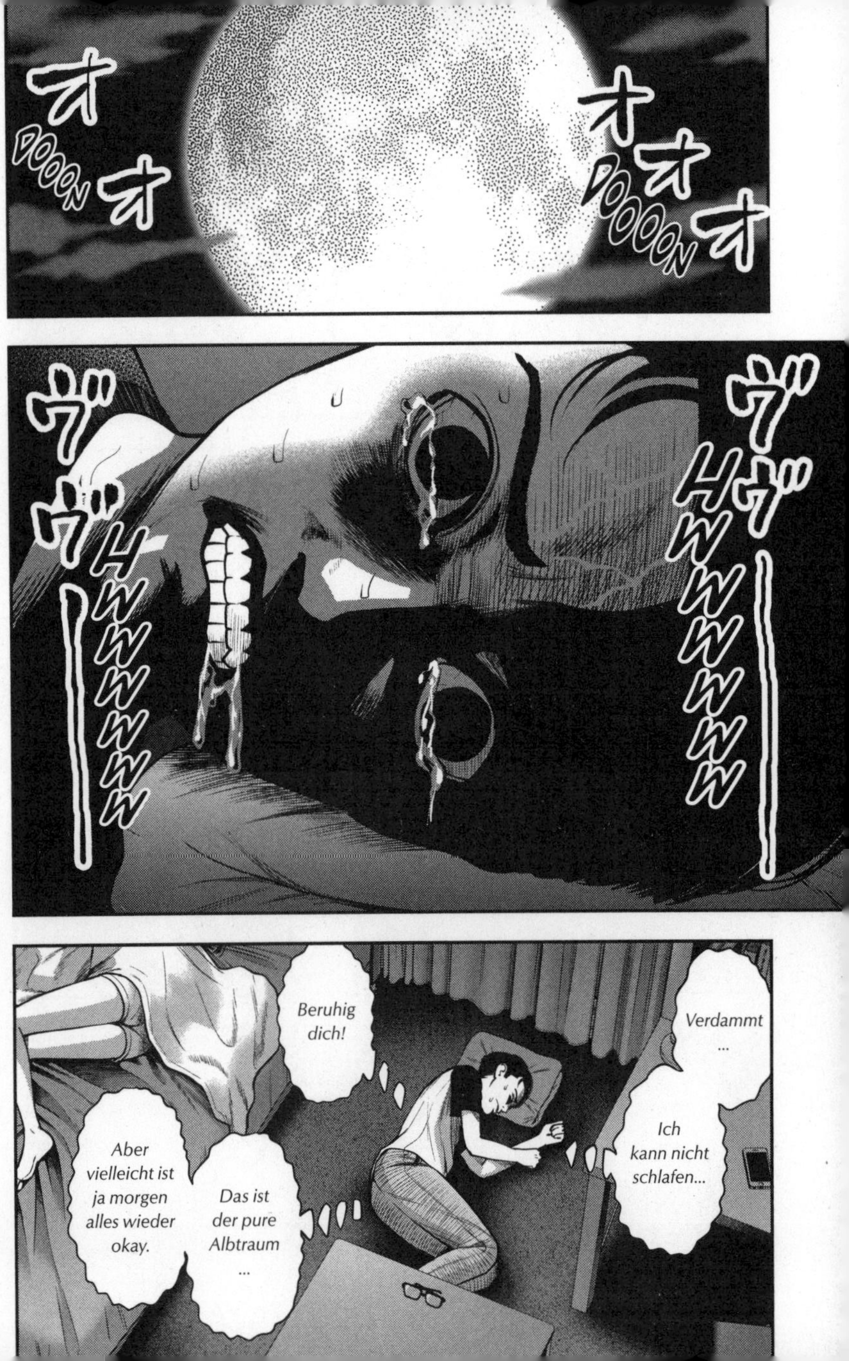
オオオ
DOOOON
オオ
DOOON
ヴヴヴー
HWWWWWWWWWW
ヴヴー
HWWWWWWWWW
Verdammt …
Ich kann nicht schlafen…
Beruhig dich!
Das ist der pure Albtraum …
Aber vielleicht ist ja morgen alles wieder okay.

Genau, ich werd wie immer zur Schule gehen...
Und der Sex kann mich mal!
Ich will an die Todai, ein guter Beamter werden...
... mir ein Haus kaufen...
Hikaru...
... bist du noch wach?
DYSTOPIA

Wollen wir...
... miteinander schlafen?

H...Haa... W...Was... sagst du da?!
D...Das ist doch verboten!
Ich weiß, aber du bist...
... in letzter Zeit so anders.
Wie viele Jahre Gefängnis stehen auf Sex?
BAMM
Und da dachte ich...
Komm, Hikaru...
Du möchtest doch auch, oder?!

Es ist völlig okay...
... wenn wir es tun.

Hah
Hah
A...Aber Yu...
...
ZUCK
TSCHK

Du möchtest es doch auch, gib's zu...
Mit mir kannst du's tun.

Y...Yu...
Sag doch nicht so was...
Sieh mal...
Unsere Eltern sind noch durch Sex auf die Welt gekommen.
Das ist die Natur des Menschen!
Daher...
Ich hätte kein Problem, es mit dir zu tun...
入学式

Bitte, Hikaru ...
Lauf mir jetzt nicht weg!

MHH
MHH
HMM

Red
Apple

Ich weiß, dass das gefährlich ist...
SCHMATZ
SCHMATZ
SCHMATZ
Ich hab ja auch Banta gewarnt.
Dennoch sitz ich hier mit Yu...
Lippen auf Lippen...
... und Zunge an Zunge...
Das ist also Küssen...
Das Tor zur Sexhölle!

Mein Gott, fühlt sich das gut an!
Kapitel 11
Morgen der Erleuchtung

!
CK
クーン
ビ
ZU
...
...
SCHLOMP
ブラー

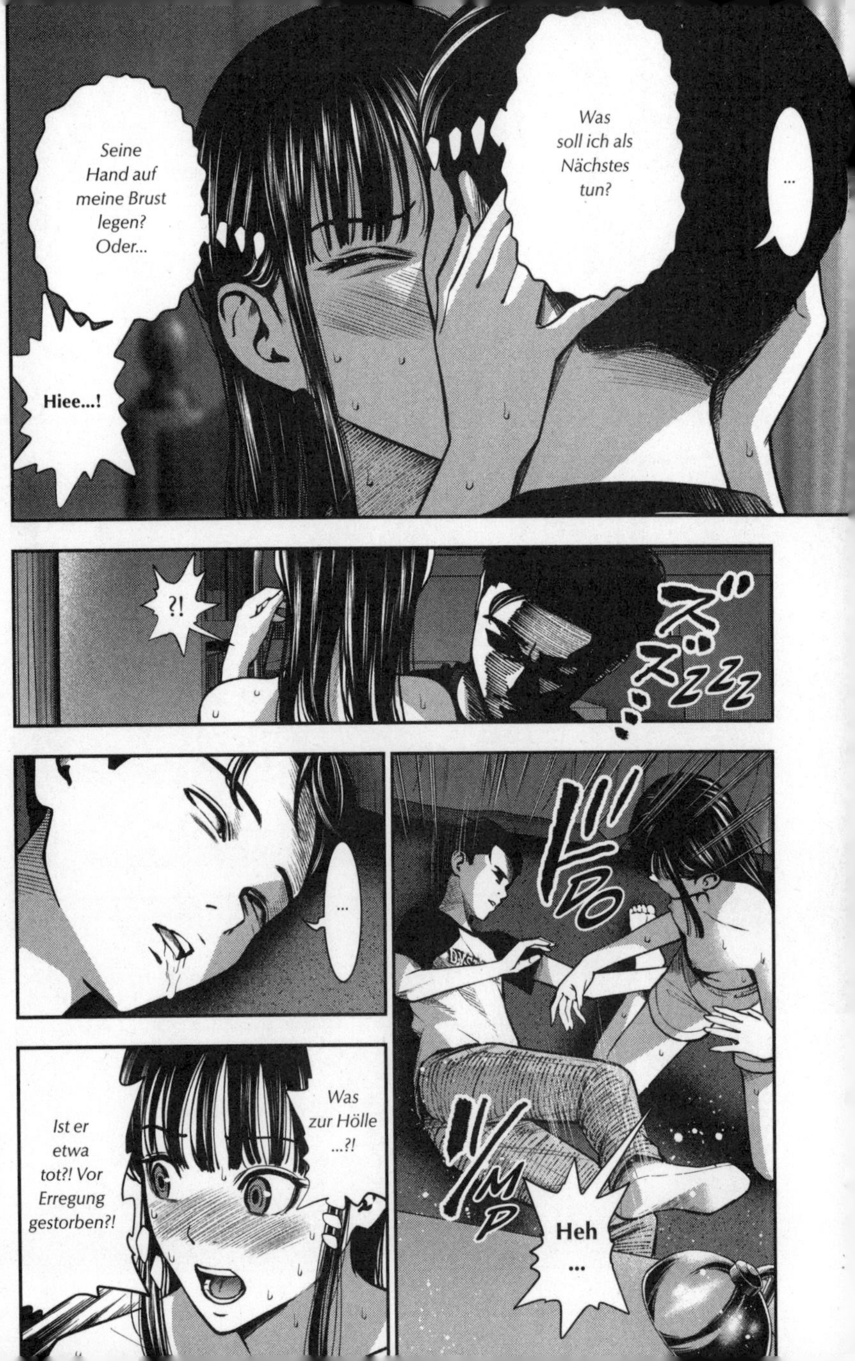
...
Was soll ich als Nächstes tun?
Seine Hand auf meine Brust legen? Oder...
Hiee...!
?!
DO
Heh ...
...
Was zur Hölle ...?!
Ist er etwa tot?! Vor Erregung gestorben?!

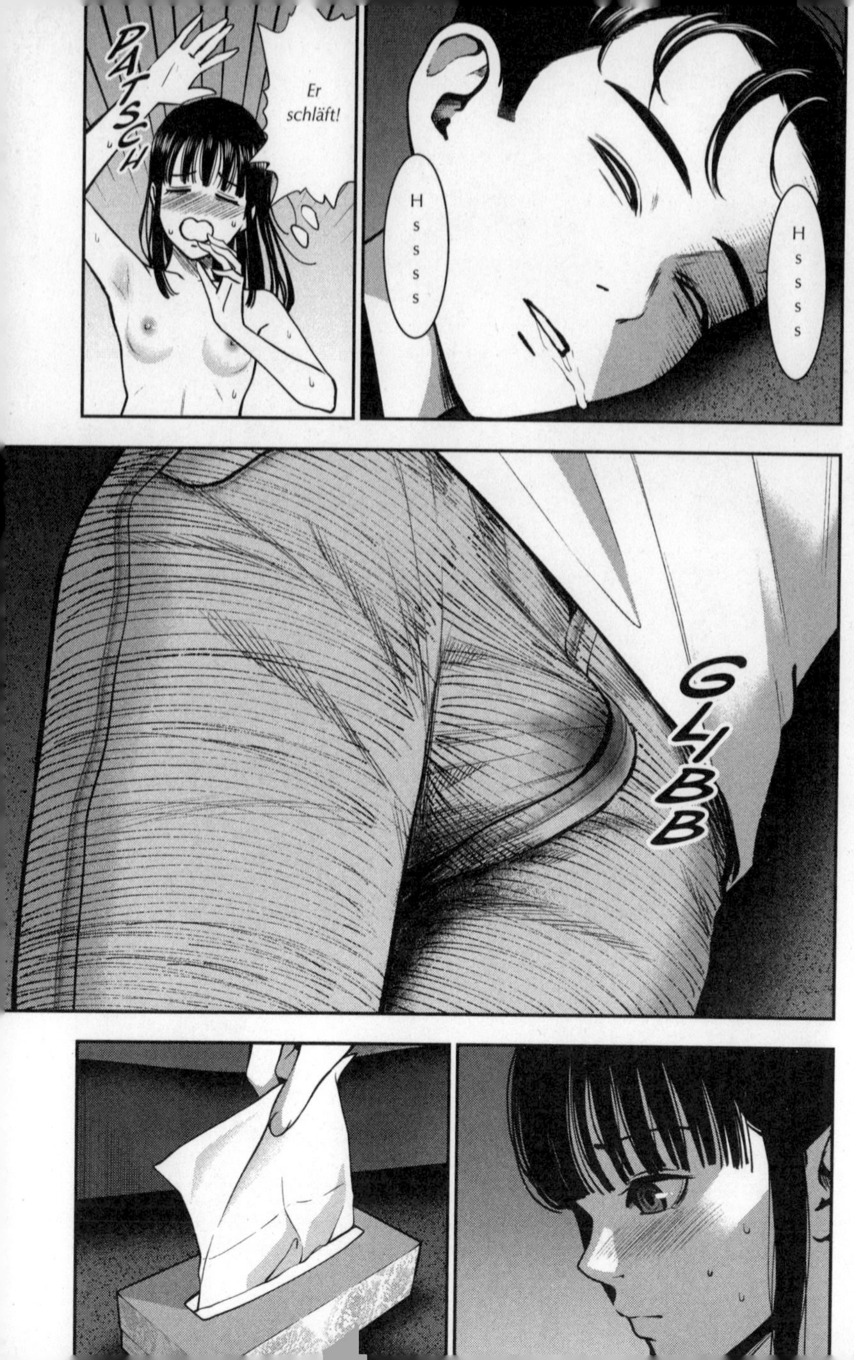
Hssss
Hssss
PATSCH
Er schläft!
GLIBB

Du blöder...
... Idiot!
WITSCH
WITSCH
Ah!
Uh!

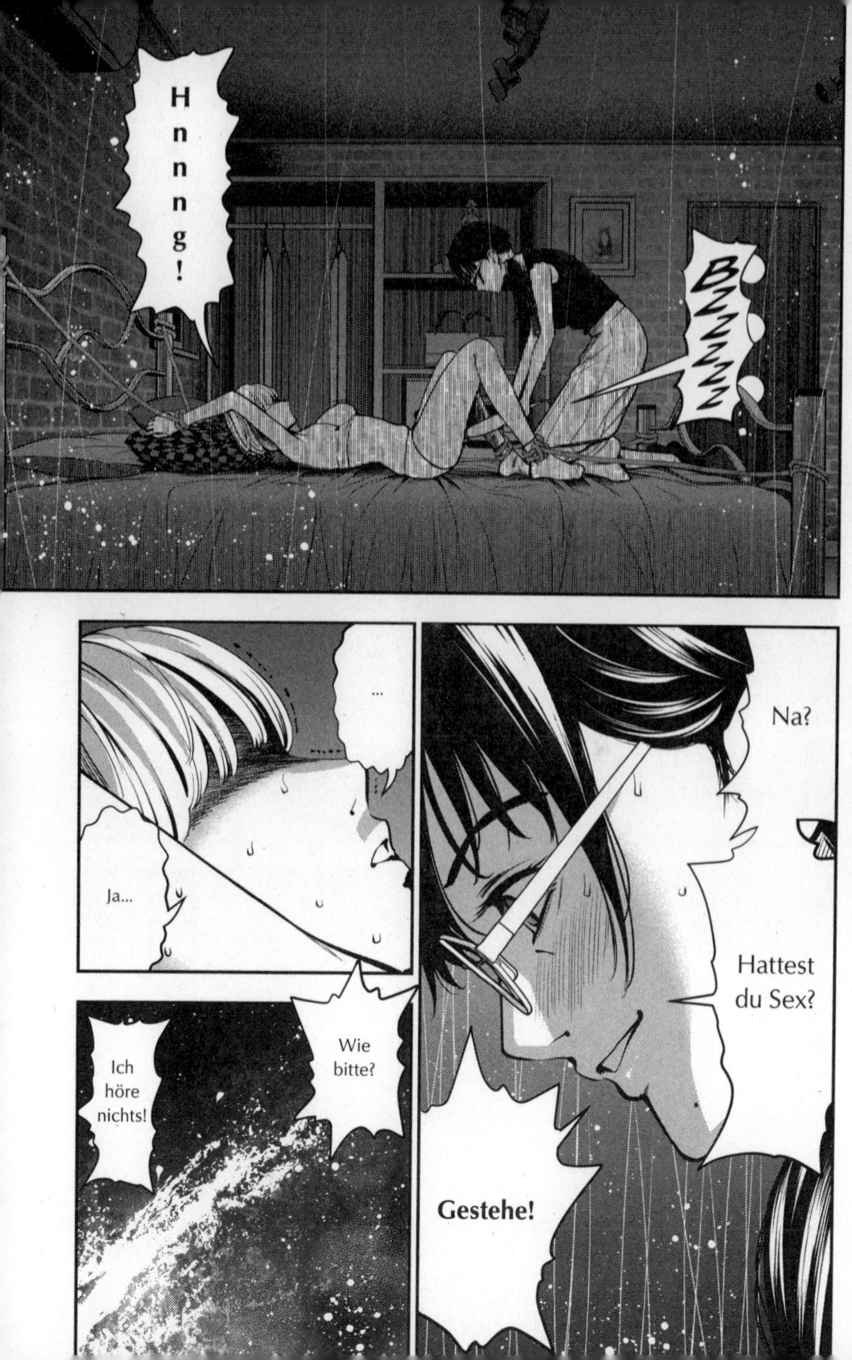
Hnnng!
BZZZZZZ
Na?
Hattest du Sex?
...
Ja...
Gestehe!
Wie bitte?
Ich höre nichts!

Ja!
Ich hatte Sex!
Und ich tu's nie wieder!
...
Gut...
SST
Dann werde ich dich jetzt befreien.

Aber keine Dummheiten mehr...
Schon gar nicht mit Hikaru!
Und solltest du auf die Idee kommen...
Sprachmemos
Neue Aufnahme 5
3:45:05
Ja! Ich hatte Sex...
... irgendjemandem von unserer Begegnung zu erzählen...
SCH
NP
...

...
Du kannst gehen.

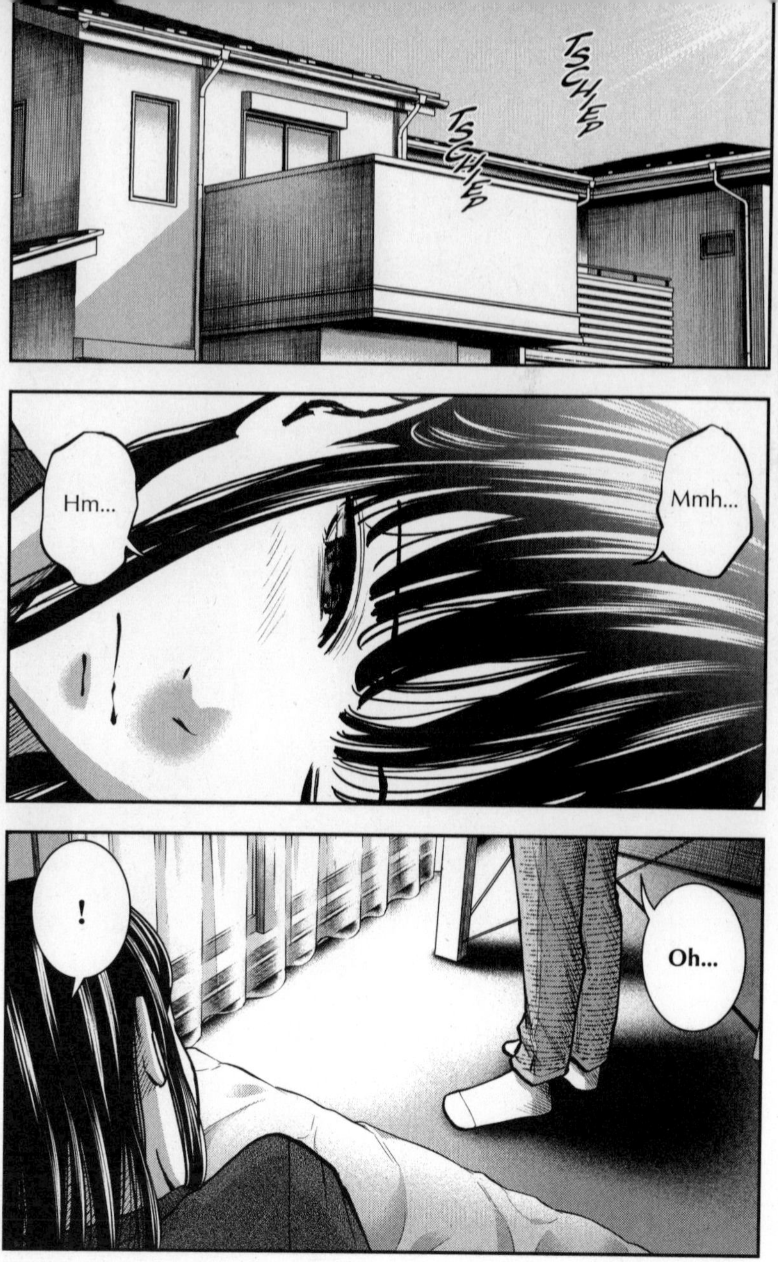

TSCHIEP
TSCHIEP
Mmh...
Hm...
Oh...
!

Hab
ich dich
geweckt?

Hikaru...
Tut mir leid...
Sorry wegen gestern.
Ich weiß nicht, was mit mir los war.
Aber jetzt ist mein Kopf frei und ich sehe viel klarer.
Als ich vorhin aufwachte und die Morgensonne hereinschien, dachte ich, wie schön doch dieses Leben ist.

Also, nichts für ungut...
Ich geh dann mal.
Wa...
Warte!
Was ist?
Ach...
Schon gut...
Na dann...

KLACK
BABUM
BABUM
BABUM
Ich bin total verunsichert...
Sind wir jetzt ein Paar? Immerhin haben wir uns geküsst...
... oder nicht?
Ups...
Hab ganz vergessen, mir eine Ausrede für seine Mutter einfallen zu lassen.
Hoffe, er kriegt das hin.

ガチャ
KLACK
Hallo Mama...

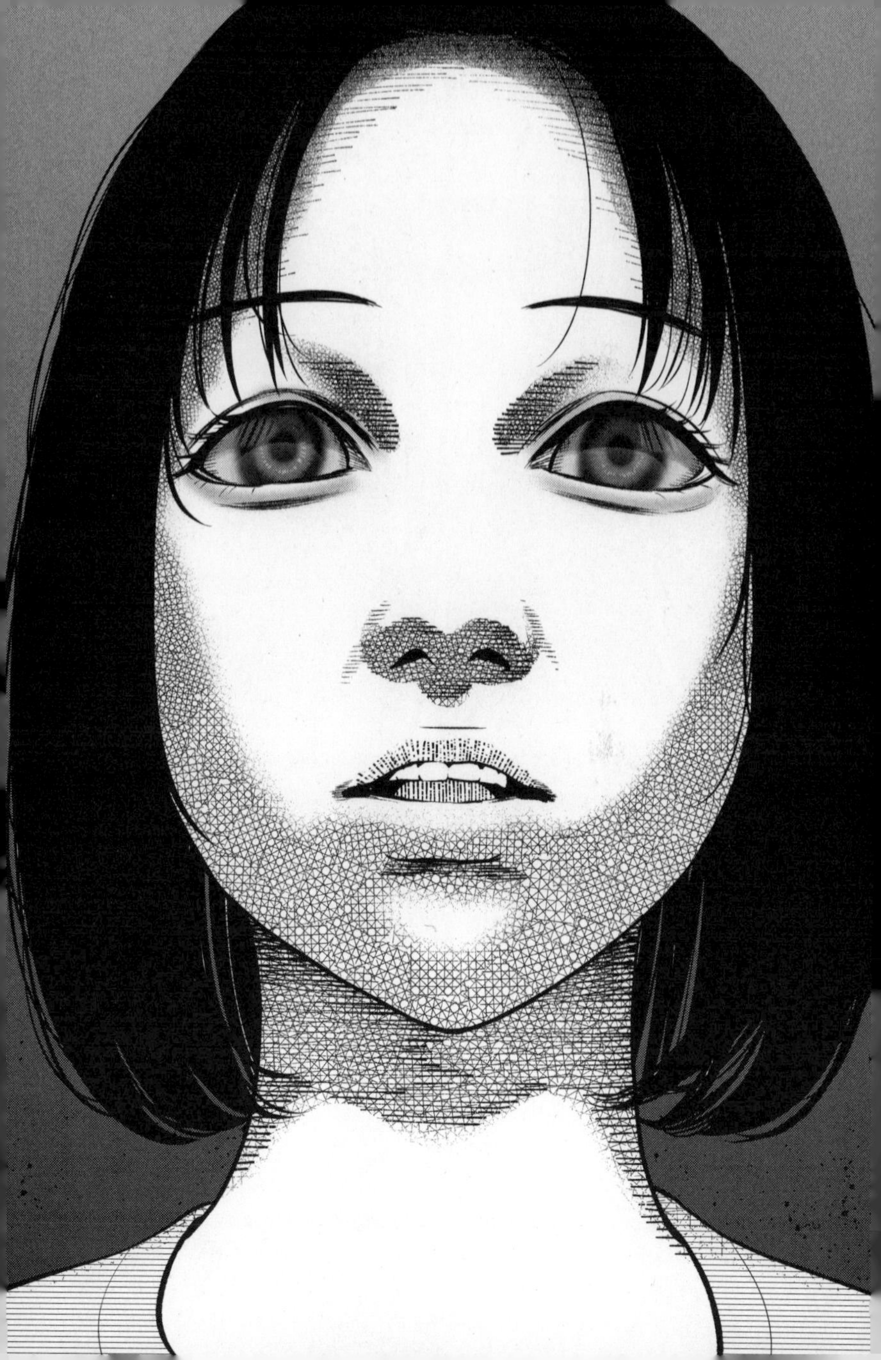

Hikaru!
DYSTOPIA
Du kommst jetzt erst nach Hause?!
Hah
Die ganze Nacht?!
Ich wär fast gestorben vor Sorge!
Hah

Wo warst du?!
Was hast du gemacht?!
Hah
Hah
Los, sag es mir!
Äh...
Nichts Besonde-res...
Außerdem geht dich das nichts an!
HYARK

Uwaah...
Uuh... huh...
Das ist mein Ende!
...
ガチャ…
KLACK
Ich sterbe ...!
バタン…
BAMM

Red
Apple

Kapitel 12 Komplizen

Hi, wie geht's?
Hallo Yu...
Danke noch mal fürs Nacht-lager.

プシュ TSCHHH
Tolles Wetter heute, was?
Schon...
Aber ab Mittag soll's regnen.
Hm...
Übrigens...
Wie ist es mit deiner Ma gelaufen?
... Alles bestens ...
Keine Sorge.

Na, das beruhigt mich aber.
…
PTSCH

Ups, sorry...
Meine Hand war im Weg.
N...
Nein...
Ich...
Nächster Halt, Bezirks-rathaus!
...
...
Gäste der Matsumoto-Klinik für künstliche Befruchtung bitte aussteigen!

2-B
SCHNATTER
BLA
Hi Misora, heut in Winteruniform?
Äh, ja... Meine Sommersachen sind alle in der Wäsche.
Steht dir aber super!
Der Jahreszeit voraus...
Da muss sich der Winter beeilen!

Ah, Hikaru ...
Na, Hose wieder tro- cken?
HARR
HARR
HARR
Ihr seid süß.
Was?!
Pf...
Armleuchter, noch nie ge- knutscht, aber das Maul auf- reißen.

Du sitzt auf meinem Platz.
Oh...
Sorry...
Wette, ihr habt auch noch nie geknutscht, ihr Loser.
ROMP
Er riecht anders als sonst.

Misora... Als wär nichts geschehen.
Aber ich kenne dein wahres Gesicht.
Ich muss Banta über diesen Klub ausfragen...
8:20
Banta Shiba
Gibt was zu bereden
8:05
Meldet sich nicht.
Typisch.
Vielleicht seh ich ihn in der Pause.
Dafür dass wir uns so nah waren...
... ist er ziemlich verhalten.
Hah!
Vielleicht schämt er sich!

DING DONG
Banta, verdammt...
Er hat die Message nicht mal gelesen.
Wo ist er?
Huhu, Hikaru!
Magst du mit mir essen?
Ich hab viel zu viel...
Wär schade drum.
Äh...
Was willst du? Wir sind nicht zusam-men!

Ist außerdem der falsche Zeitpunkt.
Aber...
Warte!
Schon vergessen, was wir gestern getan haben?
Mach nicht solchen Alarm...
... wegen dem bisschen Geknutsche.

BAFF
Aber...
Küssen ist zwar laut Schulordnung verboten...
... aber noch kein Verbrechen.
Trotzdem, plapper nicht so viel.
Ich will an die Todai...
Wenn das rauskommt, krieg ich Stress.

Aber was redest du da?!
GA
Wir hatten ...
BB
... Sex!

BA
BUM
Wie bitte?! Sex?!
Hab ich eine Gedächtnis-lücke?!

Vielleicht erinnerst du dich nicht, weil du direkt danach eingeschlafen bist, aber du warst ganz schön scharf.
So hab ich dich noch nie gesehen.
Sch... Scharf?!
Macht ihr's von hinten?
Du klei- ner...
... Per- versling!
I...Ich hab's getan?!
Ja, jetzt, wo sie's sagt...

Ich bin erledigt!
Uh ...
Uh...
...
Uuh ...
Uäh ...
Aber Hikaru...
War es denn so schlimm mit mir?

Schlimm?!
BABUM
Knast!
Küssen ist geil!
Knast!
Wenn das rauskommt!
BABUM
Nie wieder Sex?
BABUM
Wär schade ...
BABUM
Mein Gedächtnis...
Knast!
Knast!
BABUM
Das war es...
N...Nein, es war sehr schön...
U...Und diese Geräusche, die du gemacht hast...

Idiot!
PITSCH
PITSCH
Wir sind jetzt Kompli-zen!
ゴゴゴ
GRMBL...

HSSSS
PATSCH
PATSCH
Ich...
... bin ein Verbrecher ...
Wenn das rauskommt...
... kann ich alles knicken...
Todai, Behörde...
Hah
Hah
WAP
Hikaru!
D...Du?!

Ich kann Banta nicht mehr errei-chen!
Weißt du, wo er ist?!

Red Apple

Kapitel 13
Die Freundin des Freundes
HSSSSSSSs
Was soll das?
Wir wollten doch zusammen nach Hause.
Hikaru
Warte auf mich am Schuhschrank
Na...
Immerhin ...
... sind wir jetzt zusammen.

Karaoke
BABUM
Uiui...
BABUM
BABUM
BABUM
Allein in einem schalldichten Raum...
BABUM
BABUM
... mit der Freundin meines Freundes.

Sorry, dass ich dich hierher geschleift hab...
... aber uns darf niemand hören.
...
Ich habe ein paar Fragen an dich...
Was habt ihr in diesem Klub gemacht?
Und was sind das für Leute?

...
Weißt du...
Heute gibt es nur noch Durchhaltelieder.
?
Okay, aber...
... worauf willst du hinaus?
...
Mein Vater...
... war Sänger...

Damals gab es fast nur Liebeslieder...
Und bis das Gesetz in Kraft trat, hatte er großen Erfolg mit seinen anrüchigen Texten.
Dann kam ich zur Welt.
Nana...
My baby...
My angel...
Sie hat aufgehört zu weinen!
Wie dem auch sei, nachdem das Gesetz erlassen wurde...

Debatte
Wie gefährlich sind Liebeslieder?
Lieder und andere Texte, die Sex relativieren...
... führen dazu, dass junge Menschen die Gefahr sexueller Handlungen unterschätzen.
J-POP
NO LOVE SONGS
Noch bedrückt?
Vielleicht erheitert mich eine Fahrt ans Meer...

Ich erinnere mich nicht mehr an meinen Vater.
...
Aber wenn er etwas in mir hinterlassen hat...
... dann sind es Zweifel gegenüber diesem Gesetz.
Den Klub lernte ich durchs Netz kennen.
Da könne man Sex haben, hieß es.
Banta schien mir genau der Richtige dafür zu sein.
Anfangs ging ich nur mit ihm hin, weil ich mich allein nicht traute.
Doch bald war ich von ihm angetan...
Du siehst heut wieder echt toll aus...
Neuer Lippenstift?
Er war charmant und offen.
Dann taten wir es...

Und schließ-lich...
... wurde es ernst.
Verstehe...
Und?

Wie war der Sex?
Es heißt doch...
... Sex mache verrückt.
Geist und Körper könnten Schaden nehmen.
Alle sagen, es sei was Schlimmes. Aber ist das wirklich so?

Es ist toll...
... wenn man es mit jemandem macht, den man liebt.
Dein Herz glüht...
... du wirst mit Glückshormonen überschüttet.
Sex ist ein Geschenk Gottes.
...

Sie weiß, dass sie sich strafbar macht...
... und dennoch will sie es anscheinend wieder tun.
Hikaru!
Ich kann mich zwar nicht wirklich dran erinnern...
... aber ich kann verstehen, wenn man es wieder tun will.
Doch jetzt...
... ist Banta weg, und ich bin schuld!
...

PIP
PIP
PIP
DAN
Kopf hoch
The Blue Hearts
Ich sag es euch, und ich sag es laut!
Kopf hoch, Leute! Hört ihr mich?

Kooopf hooooch!

Haa
Haa
Danke...
Manchmal sind Durchhaltesongs doch ganz cool.
...
Ich weiß nicht, was ich sagen soll...
... außer, dass ich dir helfen werde, Banta zu finden.
Kopf hoch!

Danke,
Hikaru!
GYUP

DAYS
Sag mal...
... hattest du nicht Sex mit diesem hübschen Mädchen aus dem Klub?
Hä?
Ach...

Regierungsgebäude, Sexkontrollbehörde
Undercovereinsatz erfolgreich ausgeführt!
Voller Einsatz!

Für meinen geliebten Chef, Herrn Inuta!
Gut...
Gab es Probleme?
Nein, alles bestens!
Aohara war ein Kinderspiel!
...
Übrigens, Chef...
Ich glaube, ich habe Ihren Sohn...

Danke...
Ich werde Sie von diesem Fall abziehen.
Schön, dass Sie sich freiwillig gemeldet haben...
... aber die Sache wird zu gefährlich.
Ich werde bei Sawatari ein gutes Wort für Sie einlegen.
G-ants
DAT
WAP
Warten Sie!
GA

Bitte...
Chef...
...

Red Apple

Kapitel 14 Feuchtgebiete

... bin ich bereit, alles zu opfern!
...

Mmh?!
PITSCH
...
Öh...
...
Na schön...
Wenn Sie unbedingt wollen, bleiben Sie dran.
Aber eines sage ich Ihnen...

Gehen Sie nicht zu weit.
Danke!

ゴロロロ… GRMBL
ピカッ BLASCH
Hah Hah
Hah Hah
Hah Hah

Hah
Hah
Hah
Hah

Bravo...
Als hätten Sie Farbe über eine Leinwand verspritzt.
Wirklich hübsch, Frau Danda...
Aber...
... leider...
... leider...
... reicht das noch lange nicht.
TSCHAK
?
Was willst du?
Hat dir deine Strafe nicht gereicht?

Ich dachte ...
... diesmal tue ich Ihnen was Gutes.
Hah
Hätte nie geglaubt, dass du mir so viel Spaß bereiten kannst.
Hah
LUTSCH
Hyah!
ZUCK
ZUCK
Aah!

Na!
Ich weiß doch, wie man jemanden richtig verwöhnt!
GWIFF
?
Mmh...
SCHLECK
Haaa, Sie schmecken so guuut...

SCHWECK
SCHWECK
Hör auf!
Wenn du so redest...
... werd ich nur noch geiler!
SCHLURP
Ah...
Ah...
Aaaaah!

ZUCK
ZUCK
Hah
Hah
Hah
Wa...Was willst du?!
SSK
...
Hah
SCHLUB

Was ich will?
Mich wohlfühlen und Spaß haben, sonst nichts.

Um Banta zu finden, müssen wir erst mal wieder zum Klub.
Dort haben wir die besten Chancen.
...
PTSCH

GYUP
Junge! Nachdem, was du hier gestern veranstaltet hast, wagst du es, hier aufzukreuzen...
... und nach Banta zu fragen?!

Ich hab keine Ahnung!
Weiß nicht, wo der Kerl steckt.
PATSCH
PATSCH
Mmmh!
PATSCH
PATSCH
Aaah!
PATSCH
PATSCH
PATSCH

Vielleicht hier?!
DUP
Finger weg!
Da ist nur dein Freund Gomez jr. drin, den du schon einmal gestört hast!
?!
Aber das nächste Mal dreh ich dich auf links.
HYARK!

Wenn du sterben willst, bitte!
WAP
Scheiß drauf!

Hi... ka... ru...?
Na, so was, er ist ja doch hier.
Wusst ich gar nicht.

Ah...
Aaah...
Hey!
Bindet ihn los!
Gern.
Aber dafür...
... tust du mir einen **Gefallen!**

Bonus-Manga

Hier ist Yu in Kapitel 11, am Morgen, nachdem Hikaru gegangen ist. ♡

Die lustvolle Vorschau...

Welche Bedingung stellt Aohara für Bantas Befreiung?

Hikaru gerät zusehends in den Mittelpunkt böser Absichten!

Weiter geht's in Band 3!

RED APPLE

ist eine japanische Serie, die originalgetreu von »hinten« nach »vorne« und von rechts nach links gelesen wird! Schlagt das Buch also »hinten« auf und blättert Seite für Seite nach »vorne« weiter! Auch die Bilder und Sprechblasen werden von rechts oben nach links unten gelesen, wie es in der Grafik gezeigt wird! HAYABUSA wünschen gute Unterhaltung!

HAYABUSA
Carlsen Verlag GmbH, Völckersstraße 14-20, 22765
Hamburg 2023
Aus dem Japanischen von Jens Ossa
AKAI RINGO vol. 2

Redaktion: Germann Bergmann
Herstellung: Maria Niemann

ISBN: 978-3-551-62335-5

MIX
Papier | Fördert gute Waldnutzung
FSC® C083411
FSC www.fsc.org

www.hayabusa-manga.de
www.carlsen.de
hayabusa_manga
HayabusaTweets

Unser Versprechen für mehr Nachhaltigkeit
- Klimaneutrales Produkt
- Papiere aus nachhaltigen und kontrollierten Quellen
- Hergestellt in Europa